L'Oracle de la Reliance

Texte : © Maryline Gomes.
Illustrations : © Lillia Baudo.
Création maquette et mise en pages : Bénédicte Souffrant – PCA-CMB.

ISBN : 978-2-7029-2131-9

www.editions-tredaniel.com
info@guytredaniel.fr
www.facebook.com/editions.tredaniel
@le_courrier_du_livre
@tredaniel_eso

Maryline Gomes
Illustrations de Lillia Baudo

L'Oracle de la Reliance

42 CARTES POUR SE CONNECTER
À SON INTUITION ET SA PUISSANCE INTÉRIEURE

LE COURRIER
DU LIVRE

27, rue des Grands-Augustins
75006 Paris

À Virginie et Stéphane

*« La finalité, le sens, qui se laisse définir,
n'est pas la finalité éternelle.
Le nom que l'on peut nommer,
n'est pas le nom éternel.
Être est la mère, matrice, de l'individu.
C'est pourquoi la direction qui va vers le néant
permet de voir l'être merveilleux
et la direction qui va vers l'existence
permet seulement de voir les limites de l'espace.
Toutes deux ont la même origine,
mais ne portent pas le même nom.
Être dans son unité, là est le secret.
Du secret d'un secret encore plus profond
est la porte à travers laquelle toutes les merveilles
paraissent. »*

– Lao Tseu

Sommaire

Introduction 13
La reliance : un chemin d'équilibre vers soi 15
L'extérieur est en lien avec ce qui résonne en nous 19
L'environnement est le reflet ou le miroir de notre intériorité 21
La polarité : l'épreuve de l'équilibre 25
L'ego et la pensée dans la polarité, ou la pensée égale 31
L'acceptation : le chemin le plus court 35
La reliance : une intime connexion à l'équilibre sacré 39
L'Amour : la clé de la reliance 41

Les cartes : un message pour aller plus vers soi 43

Conseils pour utiliser les cartes 44

Les tirages 45
Tirage d'une carte 47
Tirage du matin 48
Tirage du soir 48
Tirage du dialogue intérieur 49
Tirage de la reliance 50

Les cartes

1. Ressources intérieures 54
2. Temps 56
3. Joie 58
4. L'intuition est la voie 60
5. Donner et recevoir 62
6. Acceptation de soi 64
7. Ouverture d'esprit 66
8. Abondance 68
9. Méditation 70
10. Générosité 72
11. S'émerveiller 74
12. Action 76

13. Écoute 78
14. Confiance 80
15. S'autoriser 82
16. Audace 84
17. Douceur 86
18. Se relier aux autres 88
19. Mouvement 90
20. Paix intérieure 92
21. Dépasser ses limites 94
22. L'amour de soi 96
23. Ressentir 98
24. Force 100
25. Beauté 102
26. Sagesse 104
27. Miroir 106
28. Chemin 108
29. Foi 110
30. Pardon 112
31. Présent 114
32. Création 116
33. Cœur 118
34. Étoile 120
35. Fluidité 122
36. Masculin 124
37. Féminin 126
38. Expérience 128
39. Résistances 130
40. Peur 132

41. Libération 134
42. Chance 136

Remerciements 139

À propos de l'auteure 141

À propos de l'illustratrice 143

Introduction

Chers amis, chers lecteurs,

Dans la vie, nous rencontrons souvent les mêmes expériences, le même type de personnes, les mêmes défis et comprendre pourquoi les choses apparaissent de telle ou telle manière est un sujet qui m'habite depuis longtemps. Au fur et à mesure de ce que j'ai moi-même pu expérimenter et comprendre de la vie, je partage avec vous ce qui me semble être le fil conducteur de nos existences : la reliance, ce chemin de retour à soi-même qui se fait par le biais de toutes les circonstances qui se présentent à chaque instant. Parce qu'il y a un point commun à tout ce qui nous arrive – c'est-à-dire, nous-même –, il est essentiel de le prendre comme source de toute chose, mais aussi comme la fin ou la finalité : l'unité en soi, le parfait équilibre de vie. Si au départ l'idée était de se centrer sur le thème du féminin, au fil des mots et des peintures j'ai vite réalisé que le thème qui s'invitait était bien plus large et qu'il concernait la quête de tous les êtres.

J'ai ainsi créé ces cartes pour que vous ayez un outil qui puisse vous éclairer sur votre chemin, vous apporter des réponses, des conseils, pour une meilleure connexion à votre boussole intérieure. Au fond de nous, nous avons toutes les réponses, nous avons juste besoin d'apprendre à dialoguer avec nous-même pour mieux dialoguer avec le monde.

C'est avec joie que je vous accompagne sur cette voie d'ouverture à être plus vous-même, à être plus aligné avec votre for intérieur, et à être ainsi en reliance pour vivre plus en harmonie.

Je vous souhaite de vivre la plus belle et lumineuse des vies.

Avec amour,
Maryline Gomes

La reliance : un chemin d'équilibre vers soi

La reliance c'est avant toute chose un chemin vers soi, vers l'équilibre et la maîtrise de son monde émotionnel, physique, psychique et spirituel. La maîtrise dont je vous parle s'acquiert par la maturité intérieure, par une pensée qui choisit ce qui est bon pour l'être dans son entièreté et par l'évolution qui s'opère à chaque instant, et qui sera le fruit, vous le verrez, de nos choix.

Le dessein de la vie dépassant largement la perception que chaque être humain peut avoir, il ne s'agit pas d'une maîtrise par le contrôle, mais par l'abandon à ce qui EST. De ce fait, ce que nous vivons à chaque moment a – à un niveau plus profond de notre être – une importance que nous ne pouvons pas toujours déceler ou comprendre. Toutefois, cela nous construit, cela nous structure pour nous conduire à être un peu plus nous-même à chaque jour qui passe.

Une ouverture d'esprit totale, une remise en cause ou un questionnement approfondi sur soi et sur sa réalité, laisser de côté les doutes, le contrôle, l'examen critique et même la rationalisation, sont les clés pour avancer sur la voie d'être pleinement SOI. C'est une sorte de chemin d'éveil vers plus de conscience de soi, vers un équilibre intérieur et sacré.

Ce chemin est sacré dans la mesure où il nous met en lien avec toutes les parts visibles et invisibles de notre être, pour les réunir en nous et nous permettre alors de trouver le parfait alignement intérieur : notre vie s'en retrouve ainsi changée sur les différents plans de notre existence.

Plan spirituel et de l'amour de soi : notre regard sur le monde change et évolue, devenant plus positif, plus doux, avec plus de compassion, parce que nous avons appris à nous aimer entièrement. C'est une meilleure connaissance de soi qui nous conduit à nous ouvrir à un amour plus profond envers la vie pour être plus aligné intérieurement. Le monde retrouve sa beauté à nos yeux, tout comme notre vie.

Plan mental et de la conscience : l'évolution de notre pensée nous permet de ne plus être en prise avec nous-même. En sortant d'une forme d'emprisonnement et de rigidité psychique qui nous pollue et nous bloque, nous retrouvons plus de souplesse, de légèreté et de joie de vivre. Plus on s'ouvre et on se connecte à la capacité de se voir, de se percevoir, de voir le monde, plus nous prenons conscience de nos mécanismes intérieurs pour mieux nous comprendre, pour aller au-delà. Ouvrir notre conscience nous change et nous fait évoluer par cette rencontre authentique avec nous-même.

Plan émotionnel et relationnel : en apprenant à mieux équilibrer notre monde émotionnel, notre relation à nous-même s'améliore, devient beaucoup plus positive et bienveillante. C'est par le ressenti de ce que nous sommes en train de vivre, de faire, que nous nous rencontrons au plus profond de nous-même, pour mieux nous accueillir et ainsi nous accepter dans notre totalité. Nos relations avec notre entourage et notre environnement deviennent par conséquent plus harmonieuses, qualitatives et riches de sens. Ayant d'abord cultivé cette harmonie en nous, cela se reflète à l'extérieur.

Plan physique et matériel : l'alignement intérieur passe aussi par notre corps physique. En prenant bien soin de nous, une forme d'harmonie intérieure et de mieux-être s'installe. En meilleure santé physique, mentale, émotionnelle et psychique, c'est toute notre vie qui s'améliore. En suivant cette mouvance énergétique, notre quotidien s'aligne à son tour à l'être que nous sommes à chaque instant.

L'extérieur est en lien avec ce qui résonne en nous

Nous avons tous une forme de « signature vibratoire », cette énergie émane de nous, tout simplement. Cela vaut pour tout être ou toute chose. Tout ce qui compose l'Univers est en mouvement. Le mur qui vous semble fait d'une matière dure, si on l'observe au microscope nous sommes à même de constater que les atomes qui le constituent sont en mouvement. Ainsi, tout ne sera qu'une question de perception.

Cette énergie en mouvement ou cette « signature vibratoire » qui émane de nous n'est pas figée ou immuable, elle change en fonction de notre évolution. C'est pour cette raison que nous nous retrouvons avec certaines expériences et épreuves à un moment donné, parce qu'elles résonnent ou font écho à ce que nous avons à l'intérieur de nous, à cette forme d'énergie qui vibre en nous. De ce fait, on ne peut entrer en contact qu'avec les idées, les personnes et les situations qui sont en résonance avec nous-même. Tout ce qui nous arrive et se passe dans notre vie a une correspondance en nous sans laquelle rien ne se produit : rien n'est ainsi hasard, ce ne sont que des invitations et des rendez-vous à entrer en contact avec des parts de nous qui ont besoin d'être mises en lumière pour notre propre évolution personnelle. C'est la raison pour laquelle les personnes et les scénarios changent et évoluent au fil de notre vie et de nos expériences.

Cela explique pourquoi nous ne sommes capables d'intégrer que ce qui est en résonance avec notre état de conscience du moment. À titre d'exemple, si vous relisez un livre des années plus tard, vous serez capable d'en retirer de nouveaux éléments de compréhension, voire vous l'interpréterez autrement, peut-être plus complètement, parce que votre état de conscience aura changé, aura évolué avec vos expériences de vie. Toutes les circonstances que nous vivons existent parce qu'elles trouvent en nous une correspondance qui les légitime (correspondance qui se situera bien sûr à un niveau inconscient de notre existence). Et ceci est valable pour tout.

L'environnement est le reflet ou le miroir de notre intériorité

Comme nous venons de le voir, tout ce qui constitue notre réalité a sa raison d'être, résonne avec ce que nous sommes, sans quoi il n'y aurait pas de manifestation. Notre réalité, ou l'environnement dans lequel nous vivons, n'est autre que le miroir dans lequel nous faisons l'expérience de notre propre vie, dans lequel nous nous rencontrons nous-même. Et ce miroir ne peut refléter que notre intériorité et pas celle d'un autre. Ce qui veut dire que chacun vit « sa » réalité, que toutes les situations et les personnes que nous rencontrons nous permettent d'entrer en contact avec ce que nous sommes, avec ce que nous avons au plus profond de nous et qui ne nous est accessible que par le biais de la réalité extérieure. Nous ne pouvons être en lien qu'avec ce qui résonne en nous : l'extérieur imprime ce qui est à l'intérieur.

En prenant conscience de ce jeu de miroir que représente pour nous le monde extérieur, nous nous ouvrons à une inestimable source d'informations qui nous permet d'accéder à des parts profondes de nous, qui nous demeureraient inconnues sans ce reflet. Partant de ce principe, on peut dire que ce qui nous dérange dans le monde extérieur ne nous gêne que dans la mesure où nous possédons cela en nous : la réalité nous invite à prendre conscience d'une part de nous qui n'est pas réglée ou résolue. Et c'est justement pour cela qu'une certaine situation ou personne se présente, pour nous aider à aller au-delà de ce que nous pensons être et ainsi nous ouvrir à une autre dimension en nous : l'unité ou la reliance.

À partir de là, observer notre environnement et tout ce qui nous entoure devient une véritable clé pour apprendre à mieux nous connaître. À chaque fois que nous changeons ou faisons évoluer nos correspondances intérieures ou notre signature vibratoire, notre « monde ou réalité » change lui aussi. Le monde extérieur ou la matière est d'ailleurs le meilleur moyen de savoir si un changement s'est opéré ou pas : si une situation ne se présente plus, c'est bien qu'elle a été résolue. Nous rencontrons alors un autre reflet de nous, un autre défi ou mystère à dévoiler. Tout ce qui arrive a un sens, a un sens pour nous. En nous améliorant, nous changeons notre monde et pouvons vivre plus en harmonie.

La polarité : l'épreuve de l'équilibre

Le chemin évolutif humain nous conduit à la confrontation avec la matière, avec la réalité, plus précisément, comme vous l'aurez compris, avec *notre* réalité. Tout ce que nous rencontrons dans le monde, tout ce que nous pouvons imaginer, se présente à nous sous une forme « bipolaire » ou, en d'autres termes, deux pôles qui seront par définition opposés. Notre conscience ne peut se représenter l'unité, la complétude ou le tout en nous qu'en passant par la « bipolarité » de l'expérience humaine : bon et mauvais, lumière et obscurité, petit et grand, etc. Si classer les phénomènes par paires, opposés ou antagonismes est une manière de nous repérer dans la matière, cela nous sort aussi de la totalité, de l'unité ou du tout.

Ainsi, opter pour nourrir l'un ou l'autre des pôles nous donne en effet l'impression de mieux comprendre la réalité qui nous entoure. Toutefois, cela nous enferme dans des formes de pensées rigides et cristallisées car nous croyons, à tort, que les contraires sont incompatibles, opposés ou dissociés. Nous pensons que ce doit être une chose ou une autre, il nous est difficile de comprendre que les deux pôles peuvent coexister ensemble et en même temps. En réalité, ils ne forment qu'un ou l'unité.

Entre ces deux aspects qui se présentent à nous, formant la réalité perçue par notre conscience, il y a une interdépendance : l'un des aspects ou des pôles n'existe que par l'existence de l'autre. L'un appelle inévitablement l'autre ; et si l'un des deux n'est pas dans notre champ de conscience, l'autre non plus. De même, à chaque fois que nous prenons position pour ou contre quelque chose, nous nous séparons de l'unité. Par exemple, choisir d'être pour la paix et contre la guerre sont les deux faces d'une même pièce, où une polarité renvoie nécessairement vers l'autre et les deux tirent leur existence l'une de l'autre. Prendre position nous fige, nous fixe, mais la vie est rythme et mouvement Et c'est de cette manière que notre évolution se retrouve entravée par cette fixation de nos pensées/idées/opinions qui nous semble difficile à changer.

Aucun but ne peut être atteint sans passer par le pôle opposé. Pour prendre un autre exemple : si je veux être indépendant (*ce que j'émets, la vibration*), atteindre ce but passera par vivre une situation de dépendance (*situation qui entre en résonance avec ce que j'émets ou qui trouve sa correspondance en moi ; reflet de l'environnement*), sans laquelle il n'est pas possible d'expérimenter à l'intérieur de soi ce sentiment d'indépendance (*retrouver l'unité passe par vivre le pôle opposé*).

Malheureusement, les êtres humains cherchent souvent un chemin plus direct pour éviter de vivre des situations qui les feront souffrir ou qui leur feront ressentir un sentiment d'échec, ou d'autres émotions dites négatives. Souffrance qui se doit aux résistances intérieures, puisque toute expérience est une invitation à sortir de sa zone de confort (ou du pôle que l'on connaît déjà), pour rejoindre l'autre côté et ainsi ouvrir un peu plus son champ de conscience. Et c'est bien à cet endroit que se situe la source de bien des maux profonds en nous.

Le chemin qui va de la polarité à l'unité passe, entre autres, par la question du choix. La polarité de notre conscience nous met à chaque fois devant un choix dans nos actions, attitudes et comportements. Ce qu'il faut savoir, c'est que nous avons systématiquement un champ des possibles : dès lors que nous faisons un choix, l'autre pôle ou aspect reste dans le domaine des possibilités non concrétisées, non manifestées. Par exemple, rester chez nous ou sortir, préparer un plat ou se faire livrer, lire ou ne rien faire, etc. La question du choix nous accompagne toute notre vie. À chaque instant, nous tentons de faire celui qui sera le mieux, le plus approprié selon notre échelle personnelle de valeurs. Parfois, nous faisons un choix par défaut ou que nous considérons comme le moins mauvais (surtout dans les moments de difficulté). Néanmoins, cela reste un choix qui nous conduira dans une certaine direction.

La résolution du dilemme de la polarité passe d'abord par comprendre que rien n'est fondamentalement bon ou mauvais, juste ou faux, et que chaque point de vue, chaque jugement est forcément subjectif, basé sur notre vécu et la manière dont nous nous sommes structurés et façonnés au fil de nos expériences. Chaque individu étant unique, il n'y a ainsi pas d'objectivité possible, rien n'est absolu. Nous faisons nos choix sur la base de ce nous considérons comme étant le meilleur, en fonction des éléments que nous connaissons, voire dont nous sommes conscients. En comprenant cela, nous sommes à même de construire une réalité au plus proche de ce que nous sommes, si nos choix sont faits en conscience et, surtout, sans y mettre des intentions chargées d'un émotionnel débordant en énergie négative (cela finit par nous accrocher à nos fixations).

Les deux pôles étant de même force, passer de l'un à l'autre arrive en général quand une situation est poussée à l'extrême ou jusqu'au bout, et que nous restons « campés » sur notre position. À un moment donné, la situation ne tiendra plus (comme un fil qui a été trop distendu) et une circonstance se présentera à laquelle notre seul choix sera de s'abandonner à ce qui *est* : ce sera à cet endroit qu'une sorte de libération intérieure pourra intervenir et que nous passerons finalement de l'autre côté du pôle. C'est par cet instant libérateur que nous pouvons ressentir que le pôle souhaité a toujours été là, présent sous la forme du champ des possibles, faisant lui aussi invariablement partie de l'expérience ; et ce sont nos fixations ou pensées figées qui nous en éloignaient.

Le fait de voir et de traverser l'expérience par un des pôles nous donne l'impression d'être uniquement en lien avec ce même pôle. Toutefois, prendre conscience que l'autre pôle est présent en même temps que son opposé est ce qui nous amène à voir l'ensemble de l'expérience : les deux pôles deviennent l'unité. C'est le choix d'où se porte notre regard qui nous sépare de l'unité.

En cela, la polarité est l'épreuve de l'équilibre intérieur : chaque choix que nous faisons doit nous rapprocher de nous, doit nous permettre de vivre en reliance, ce profond alignement intérieur qui nous conduit à l'unité totale avec tout ce qui *est*. Cependant, sa mise en pratique s'avère être difficile tant elle soulève de résistances en nous, car notre tendance naturelle est de prendre parti pour l'un des pôles opposés et de nous « battre » contre l'autre.

Si nous choisissons de vivre plus en conscience, en comprenant que chaque expérience est là pour nous permettre d'en apprendre plus sur nous-même, cela nous aidera à assouplir nos résistances et à élargir notre champ de conscience à tout ce qui est là. Il n'existe rien qui n'ait sa raison d'être, il n'y a que des raisons que nous ne connaissons pas encore. Tant que subsistera un refus ou un déni en nous, cela équivaudra d'une certaine manière à se refuser ou à se nier soi, ce qui revient à dire que l'on ne s'accepte pas entièrement.

La maturité, la connaissance, la sagesse et l'accomplissement de soi-même impliquent que l'on soit capable d'accepter tout ce qui existe, d'en reconnaître la valeur, l'utilité, la nécessité pour notre cheminement et notre évolution personnelle. Et cela passera invariablement par l'élévation de nos pensées.

L'ego et la pensée dans la polarité, ou la pensée égale

Dans le mot « ego », on peut écouter le mot « égaux » comme sens caché, faisant référence à ce qui est égal. Cette notion change tout car elle nous permet de comprendre autrement le concept d'ego (égaux) dans notre expérience de la polarité.

Des études ont démontré que 90 % de nos pensées sont les mêmes que celles de la veille. Ainsi, si la pensée d'aujourd'hui renvoie à d'autres pensées identiques ou similaires passées, qui renvoient elles-mêmes à des attitudes et comportements déjà adoptés, qui renvoient notre corps à se remémorer ce qui a constitué notre expérience, et dans l'illusion de vouloir éviter la confrontation avec ses peurs, l'individu reste finalement dans le même schéma de pensées. Et en cela, on est dans l'ego ou dans cette pensée égale cristallisée et fixe « d'hier ».

C'est parce que nous restons dans cette pensée figée, de peur de découvrir ce qu'il y a au-delà, que nous restons dans la polarité opposée à celle que nous voulons réellement manifester. Parce que ce que nous voulons étant le but, alors cela passera par l'élévation de la pensée vers la pensée profondément en accord avec la pensée de la polarité souhaitée ou le but recherché.

Souvenons-nous que nous avons une signature vibratoire et que nos pensées seront forcément en accord avec. Les deux pôles étant opposés, leur énergie ou vibration est elle aussi différente et opposée : il n'est pas possible de faire le voyage de l'un à l'autre tout en restant dans le même registre de pensées. Aller d'un pôle à l'autre c'est aussi faire évoluer ses pensées pour faire évoluer sa vibration, afin qu'elle soit en accord avec l'autre pôle.

Dès lors que nous y parvenons, nous sommes dans le UN : nous avons alors acquis la connaissance des deux pôles, ce qui revient à dire que nous avons acquis la connaissance complète relativement au thème ou sujet que nous avions besoin de mettre en lumière en nous pour évoluer dans notre cheminement intérieur. Nous revenons ainsi au centre et à partir de ce centre l'expérience prend tout son sens, elle est intégrée en nous et c'est ainsi que le deux devient un.

Vu de cette manière, l'ego (égaux) ne se réfère pas à l'identification à soi, mais à l'identification à une pensée récurrente qui s'est installée avec le temps, notre histoire et notre vécu. Ainsi, rééquilibrer sa pensée passera d'abord par se réconcilier avec soi pour réajuster la projection que nous avons de nous-même, ce qui nous conduit sur le chemin de l'acceptation de soi, en conscience et profondeur.

L'acceptation : le chemin le plus court

Pour avancer dans notre chemin de vie et être dans la reliance, il nous faut acquérir davantage de conscience, ce qui veut dire aller plus profondément dans la polarité sans crainte, peurs ou doutes. C'est justement le doute qui fait tomber la polarité dans l'opposition en provoquant la séparation.

Pour retrouver l'unité, il faudra faire le chemin en sens inverse et être dans le point de vue du UN. Ce sera par l'énergie produite par la tension que les deux pôles suscitent et exercent entre eux que l'on peut retrouver ce chemin vers l'unité, en réunissant en nous ce qui est épars. Pour cette raison, les deux pôles sont nécessaires : ils nous permettent d'acquérir la connaissance, en réconciliant les contraires en nous-même.

Il est bien sûr essentiel de savoir se remettre en question, de ne pas rester figé dans nos rigidités d'esprit, dans nos systèmes de pensées, de valeurs mais surtout de croyances qui tendent à nous éloigner de notre Être et de notre Lumière intérieure. Dès lors que l'on accepte que tout ce qui existe est bien puisque cela existe, nous pouvons ainsi aspirer à plus de paix intérieure et de tranquillité dans notre vie. Parce que ce mode de pensée est plus souple, plus sain et nous sort du contrôle que nous voulons exercer sur la matière, il assouplit par conséquent notre rapport aux circonstances.

Dans cet état de paix, nous pouvons mieux nous observer et observer notre réalité, les choses dévoilent alors leur sens caché. Peu à peu, nous nous libérons des idées fixes ou figées, nous cessons de lutter pour ou contre quelque chose et nos résistances tombent. Pour autant, nous ne cessons pas d'agir, mais nous cessons de vivre à contre-courant, pour être dans plus de fluidité.

Le plus souvent, ce sont les événements et les circonstances qui ont une prise sur nous et nous changent, alors que nous pensons les contrôler. À cela se rajoute la lourde charge du passé, de nos luttes et résistances. Et la seule manière de s'en libérer, c'est de s'abandonner à l'expérience. Si cela semble difficile, c'est bien la meilleure façon de cesser d'être dans une pression intérieure écrasante et de sortir de l'opposition. Avoir le courage de se laisser aller, d'abandonner l'effort de résistance et d'accepter que ce qui se présente à nous a le droit d'exister (parce qu'il y a eu une correspondance en nous, parce que ce sont des reflets de ce que nous sommes et que leur présence est là pour une raison dont nous n'avons pas encore conscience) est la voie pour être en reliance.

Dans notre expérience d'apprentissage, quand le pôle opposé est accepté, il est intégré et quand il est intégré en nous, nous sommes alors en reliance, dans l'unité et nous pouvons alors expérimenter autre chose.

La reliance : une intime connexion à l'équilibre sacré

La reliance est ainsi ce principe d'unicité entre le corps, le cœur, l'âme et la source. Cette connexion profonde avec notre soi authentique nous permet de vivre dans notre vérité et liberté. Mais pour y arriver, cela requiert d'être dans un état d'esprit d'ouverture pour accueillir en conscience qui nous sommes intimement dans notre complétude.

L'exercice est de parvenir à voir que nous sommes un tout et de garder notre équilibre au fil des expériences. L'équilibre sacré est la voie du milieu, celle qui nous permet d'avancer entre les polarités pour les observer, les sentir vivre.

C'est par notre attitude intérieure (nos pensées, notre état d'être) que nous pourrons observer les différentes formes de la manifestation dans notre vie (qui, comme nous l'avons vu, résonnent avec nous, nous permettant d'aller à la rencontre de ce que nous avons à l'intérieur par ce qui nous vient de l'extérieur), sans les rejeter ni nous identifier, et sans que celles-ci nous affectent au plus profond de nous (il ne s'agira donc pas d'être indifférent, mais plutôt d'être impassible).

La véritable sagesse consistera à être capable de tout regarder sans porter de jugement, d'accepter que cela est bien puisque cela existe et que ce ne sont finalement que des parts de nous qui ont besoin d'être mises en lumière : c'est à cet endroit que réside la vraie connaissance de soi-même, celle qui nous permet d'être en harmonie intérieure avec nous et le monde qui nous entoure, celle qui nous permet d'être en parfaite reliance.

L'Amour : la clé de la reliance

L'harmonie intérieure que nous cherchons nous invite à vivre et ressentir différemment les situations et les circonstances que nous rencontrons dans notre quotidien. Tant que quelque chose nous dérange et que nous souhaiterons lui apporter un changement, nous n'aurons pas atteint la connaissance qui nous est proposée. Si un certain inconfort subsiste, cela est un signe que le chemin n'a pas été complété. Ce n'est pas en nous opposant à notre réalité que nous changerons les faits ; cela ne sera que source de souffrance. Toute chose en elle-même est d'une valeur neutre, c'est l'opinion que nous en avons qui en fera quelque chose de positif ou de négatif et affectera nos états d'âme. L'acceptation est le chemin le plus court pour mieux vivre notre existence.

Toutefois, réunir les contraires en nous pour être en reliance requiert l'usage de « l'outil » le plus puissant qui nous a été donné : l'Amour.

Le principe même de l'Amour est l'ouverture du cœur et de l'esprit : en laissant entrer ce qui est à l'extérieur, nous réunissons en nous ce qui était épars, nous nous sentons plus reliés au TOUT, à l'Univers, dans une connexion plus profonde avec nous-même.

L'Amour est ce qui nous permet de réunir et unifier ce qui était séparé (les pôles), il rend UN par l'acceptation de ce qui EST. L'Amour est réceptif, il accueille et dit « oui » sans opposer d'obstacles, sans restreindre, exclure, ni poser de conditions, et tant que nous ne parvenons pas à cela, nous ne réalisons pas pleinement l'Amour en nous. Choisir, éliminer, trier, c'est continuer à être dans la polarité, dans la séparation. L'Amour ne fait pas de choix, il grandit, s'étend, nous donne la capacité de nous transformer, même de transmuter. Aimez et vous vous libérerez.

Être en reliance, c'est finalement être pleinement en Amour avec soi. C'est se vivre de manière authentique et consciente, et cela rejaillira de la plus belle des manières dans notre vie et le monde qui nous entoure. C'est une sorte d'alchimie intérieure qui nous connecte à ce qu'il y a de plus sacré en nous et nous invite à vivre une vie plus alignée, harmonieuse et épanouie.

Les cartes : un message pour aller plus vers soi

Chaque carte est une invitation à vous connecter à votre intériorité pour que vos choix de vie soient plus alignés avec votre essence profonde, et est ainsi magnifiquement illustrée pour mettre en lumière le message que vous avez besoin de recevoir pour votre évolution personnelle.

La lecture des messages et les illustrations qui ont été soigneusement et exclusivement créées pour ces cartes vous aideront à développer votre intuition, ce qui aura une incidence positive sur votre vie.

La reliance est un chemin vers soi. Embrassez la belle âme que vous êtes et donnez-lui sa grandeur en vivant une vie harmonieuse et riche de sens.

Conseils pour utiliser les cartes

Ces cartes ont pour but de vous permettre d'approfondir la connaissance de vous-même et de vous aider à être plus aligné ou en reliance dans votre cheminement, ce qui sera très bénéfique pour vivre une vie plus en harmonie. Chaque carte de cet oracle est composée d'un titre, d'une illustration et d'un texte qui vous éclaire sur son sens, vous donne des clés et la phrase qui vous aidera à vous connecter à la reliance en vous, à cet état d'alignement intérieur.

Ces cartes peuvent être utilisées pour mieux comprendre une situation, trouver une piste, une solution, un conseil pour vous orienter dans vos choix. Bien sûr, il est important de faire la part des choses, ressentir si le message résonne en vous. Si ce n'est pas le cas, tentez de comprendre de manière intuitive la raison pour laquelle vous aurez tiré spécifiquement une carte. Pour ce faire, utilisez ce simple exercice : fermez les yeux, prenez une grande inspiration, expirez, et répétez cela trois fois ; ensuite, pensez à la carte et dites le premier mot qui vous viendra à l'esprit. Ceci est une piste pour vous aider à y voir plus clair. Souvenez-vous qu'il n'y a pas de hasards, il n'y a que des rendez-vous avec vous-même.

Vos choix et vos décisions personnels doivent être pris en conscience. Écoutez votre cœur, votre corps, sondez votre intuition, et ce en fonction de tous les éléments que vous avez. En aucun cas un oracle ne détient la vérité absolue, il est juste un support, un guide, un reflet de la réalité. C'est par votre seul discernement que vous devez orienter vos actions, vos attitudes et comportements. Faites confiance à vos ressentis et à votre intuition, soyez plein de votre pouvoir personnel, soyez libre de choisir ce qui vous convient, et sentez-vous pleinement en phase et en reliance avec vous-même.

Les tirages

Avant de commencer un tirage, la première chose à faire, c'est de vous détendre : créez un espace en vous de paix et d'harmonie. Pour cela, installez-vous confortablement, prenez de grandes inspirations et expirez lentement, cet exercice est bon pour vous aider à vous apaiser, à retrouver le calme intérieur ; préparez-vous une bonne tasse de thé et, au besoin, munissez-vous d'un stylo et d'un petit cahier qui pourra vous être utile pour noter vos réflexions, et qui peut fonctionner comme un journal pour voir vos progrès dans le temps.

Pour chaque carte que vous tirerez, commencez à prêter attention à son nom et à l'illustration qui vous est proposée. Imprégnez-vous de l'image, observez tous les détails, qu'est-ce qui vous parle le plus ? Qu'est-ce qui vous touche le plus ? Qu'est-ce que vous aimez le moins ? Quelles sont les couleurs qui vous attirent le plus ? Quel mot vous vient directement à l'esprit ? Continuez ce jeu du questionnement. Pensez à noter tout ce qui vous vient, cela peut vous aider à mieux vous comprendre (vous pourrez même par la suite aller à la recherche de la symbolique de ce qui vous a le plus touché, par exemple une couleur, un numéro, un symbole, etc.). Tout ce que vous voyez est message, observez vos ressentis, observez comment vous réagissez, et suivez ces pistes.

Ensuite, lisez le texte correspondant dans ce livre d'accompagnement. Pensez à l'image et laissez les mots vivre en vous, laissez-les vous connecter au message qui se rapporte à vous ou à la question que vous avez posée. Comme pour l'image, posez l'attention sur votre corps et votre cœur et laissez-vous guider par votre esprit. Que ressentez-vous et où ? Comment vous sentez-vous ? Que ressentez-vous de juste ? Qu'est-ce qui vous parle le plus ? En vous écoutant avec honnêteté et bienveillance, vous serez à même de mieux déceler le message qui vous est dédié.

Les clés de la reliance sont des mots qui vous aident à vous connecter avec cet état : choisissez-en un, deux ou les trois et tentez de comprendre en quoi ils sont nécessaires dans votre expérience du moment (la raison pour laquelle un de ces mots vous parle, ce que vous avez besoin d'apprendre ou d'aller explorer en vous pour vous sentir relié).

La phrase « je suis en reliance quand » est une affirmation qui vous permet de vous connecter à l'énergie de la carte et à la puissance de reliance en vous. Chaque phrase a été soigneusement choisie pour que vous puissiez habiter et ressentir pleinement cet état en vous. Lisez-la à voix haute ou en fermant les yeux, en posant une main sur votre cœur et en la prononçant doucement, avec confiance et en ressentant l'énergie de chaque mot couler en vous.

Quand vous vous sentirez recentré sur vous, choisissez un tirage et commencez à utiliser votre oracle.

Tirage d'une carte

Prenez les cartes, mélangez-les – si vous le souhaitez, vous pouvez couper le paquet –, et quand vous aurez terminé, mettez votre main sur l'oracle et posez votre question dans votre tête. Choisissez une question ouverte plutôt qu'une question fermée, cela vous permet d'être dans une plus grande ouverture d'esprit. Ensuite, ouvrez les cartes en éventail et tirez-en une. Soyez réceptif à celle que vous venez de tirer, elle vous apporte un message, tentez de la décrypter par rapport à votre question, elle peut aussi vous aider à comprendre un autre domaine dans lequel vous avez besoin de poser votre regard.

Tirage du matin

Si vous souhaitez connaître l'orientation de votre journée, savoir quel sera sa tonalité ou le thème par rapport auquel vous devrez être attentif, prenez une carte le matin : contemplez l'image, lisez le texte et laissez cela faire un chemin en vous tout au long de votre journée. Prenez des notes dans votre journal sur ce que vous avez ressenti ce jour.

Tirage du soir

Si vous souhaitez que l'oracle vous apporte une réponse la nuit, tranquillement, sans forcer, prenez une carte avant de vous coucher, laissez-vous imprégner par son illustration, lisez le texte et surtout la phrase « je suis en reliance quand ». Le lendemain, en vous réveillant, pensez au premier mot qui vous vient à l'esprit : répond-il à votre questionnement ? Peut-être avez-vous eu une réponse dans vos rêves ? Quoi qu'il en soit, une réponse ou une inspiration vous viendra peut-être à un autre moment, soyez attentif et à l'écoute : cherchez et vous trouverez.

Tirage du dialogue intérieur

Quand vous souhaitez dialoguer avec vous-même, avec votre âme, votre esprit, prenez les cartes, mélangez-les, ouvrez-les en éventail et prenez-en une première : observez l'image et le nom de la carte et surtout prenez ce qui vous parle, faites-en une question et dites « dis-m'en plus ». Prenez une nouvelle carte, regardez ce qui vous parle et continuez le dialogue en posant une nouvelle question. Choisissez une autre carte et ainsi de suite. Établir un dialogue avec vous-même par le biais des cartes vous aidera à mieux percer un sujet. Il n'est nullement nécessaire de vous indiquer un nombre de cartes précis, vous sentirez en vous quelle est la dernière carte, comme si la fenêtre de ce dialogue venait de se fermer, soyez juste à l'écoute de vos sensations.

Tirage de la reliance

Pour avoir un meilleur éclairage sur une situation donnée, prenez quatre cartes et disposez-les de bas en haut comme suit :

Interprétation

1. Corps : là où vous en êtes
2. Cœur : là où vous devez poser votre attention pour y arriver
3. Esprit : une clé pour vous guider
4. Âme : ce que cela vous apportera

Ressentez-vous un alignement intérieur par rapport à tout ce que vous venez d'observer ? Si c'est le cas, continuez à avancer sur cette voie. Si ce n'est pas le cas, tentez de comprendre là où vous en êtes et ce que vous devez apprendre et mettre en place pour être pleinement aligné et en reliance avec vous-même.

Les cartes

1

Ressources intérieures

Je suis en reliance quand je me connecte et utilise mes ressources intérieures. Elles vivent en moi et à travers moi.

Nous sommes riches de ressources en nous. Toutefois, les doutes que nous pouvons avoir quant à notre valeur personnelle, quant à notre légitimité pour faire ce dont nous avons envie, le regard et les opinions des autres (surtout si elles sont différentes des nôtres), peuvent nous éloigner du développement de notre propre potentiel, de notre richesse intérieure.

Le défi consiste alors à se reconnecter à notre nature profonde, pour comprendre ce qui demande à s'exprimer à l'extérieur. C'est se connecter à ce qui vibre en nous et demande à être exploré, révélé, afin que nous puissions vivre et rencontrer des expériences plus alignées avec notre for intérieur. À partir de là, si un mouvement plus fluide opère, c'est que vous êtes en train d'éveiller et d'utiliser les ressources dont vous avez besoin pour aller à la rencontre de vous-même et de votre potentiel créatif (et créateur). En le faisant, vous touchez le sens profond de votre vie et enrichissez, à votre tour, le monde par ce que vous partagez.

CLÉS DE LA RELIANCE

potentiel, inspiration, créativité

2

Temps

*Je suis en reliance quand je comprends
que toute chose a son moment :
celui où je suis prêt à le vivre.*

La dimension intérieure de notre vie se situe dans le dépassement de soi, c'est ce qui lui donne un sens et une direction. Mais ce dépassement est le fruit d'abord et avant tout d'un mouvement intérieur qui va d'une polarité à une autre. Et cela requiert du temps, de l'observation, de la réflexion, de la compréhension pour gravir les marches de notre évolution une après l'autre en conscience de ce que nous sommes et de nos envies. L'escalier du cheminement intérieur n'est utile que s'il est gravi. Rester immobile sur une marche de peur d'avancer vers une part de soi inconnue est gâcher l'opportunité que la vie nous offre de grandir un peu plus.

Dans la vie sociale et contemporaine d'aujourd'hui, tout se veut vite, ici et maintenant. Mais ne vous y trompez pas, cette vitesse est illusoire et tend à nous couper de nous, de nos ressentis, de notre cœur et de notre esprit. Laissez le temps au temps, ne vous précipitez pas. Une marche après l'autre, vous avancez dans votre chemin. Cultivez la posture de l'éternel apprenti qui sait être patient. Tout arrive à vous en temps voulu et au bon moment : celui où vous êtes prêt à cueillir et recevoir.

CLÉS DE LA RELIANCE

observation, réflexion, patience

3

Joie

Je suis en reliance quand je rayonne en moi
et autour de moi.

Chaque émotion a une fonction dans notre vie : celle de nous donner une précieuse information quant à notre état d'être et là où nous en sommes dans notre alignement intérieur. La joie est le signe annonciateur que vous êtes en train de vivre une expérience qui est juste, bonne et épanouissante pour vous.

Si la joie est absente de votre quotidien, cherchez à comprendre si vous vous sentez accompli dans ce que vous faites actuellement, ou si cela nourrit plutôt en vous d'autres types d'émotions comme la tristesse, la frustration, la mélancolie, etc. Mener cette réflexion chaque jour vous permet de mieux comprendre ce que vous pouvez et devez changer ou faire évoluer, afin que vous puissiez gagner un nouvel élan de vie ! Chercher à cultiver ce qui vous met en joie est la voie. Continuez à la suivre et vivez heureux !

CLÉS DE LA RELIANCE

élan de vie, harmonie, issue positive

4

L'intuition est la voie

Je suis en reliance quand *je suis ce que je ressens comme étant le plus juste pour moi et la voie à suivre.*

L'intuition, c'est elle qui doit guider la raison et non l'inverse. Toutefois, en prise avec nos peurs et nos doutes, nous faisons souvent des choix plus rationnels et plus mentalisés, ce qui n'est pas un mal en soi, mais ces choix se révèlent être incomplets et peuvent inviter des sentiments comme la culpabilité et le fameux « et si ». Donner seulement de l'importance à ce qui peut être contrôlé et mesuré est une forme de refus et de négation d'une partie de soi ; l'analyse purement rationnelle de ce qui vous arrive est insuffisante pour faire des choix en conscience.

En revanche, dès lors que vous vous reconnectez à ce puissant guide intérieur qu'est l'intuition, vos choix seront beaucoup plus alignés avec ce que vous voulez vivre. En y mettant votre cœur, votre âme et votre esprit, vous vous ouvrez à une autre dimension de vous : vous laissez parler la petite voix intérieure, vous lui donnez de l'attention et vous l'écoutez, elle est la voie à suivre. Faites-lui confiance, elle connaît les profondeurs de votre être et sera votre meilleure guide. Laissez le mystère de la vie opérer et vous verrez les changements arriver comme par magie.

CLÉS DE LA RELIANCE

confiance, mystère, destinée

5

Donner et recevoir

Je suis en reliance quand *je suis dans un élan de vie où l'énergie circule librement.*

Donner, c'est un échange, c'est mettre une énergie en circulation, dans un mouvement qui va et qui vient. Plus on donne, plus on est empli de ce sentiment de donner, de partage, de ce plaisir d'offrir à l'autre une attention, plus on est dans l'ouverture, dans la réceptivité de ce qui vient. Donner, c'est ainsi en quelque sorte déjà recevoir, c'est se donner à soi d'abord.

Souvent, quand on donne dans l'attente de recevoir quelque chose, cela fonctionne moins bien, parce que si les choses ne se passent pas comme nous le souhaitons, nous pouvons ressentir de la tristesse ou de la frustration, car l'attente déposée dans le geste n'a pas eu d'écho en retour.
Pour changer ce schéma, adoptez une autre posture, plus souple et plus authentique : ce que vous voulez avoir dans votre vie, donnez-le en premier sans rien attendre en retour et vous le recevrez en abondance. Vous verrez, c'est magique !

Donner sans attendre de recevoir, c'est être dans la vraie nature du don, cela vous fera vous sentir plus heureux et dans une énergie plus positive. Et comme la vie vous renvoie ce que vous vibrez, si vous êtes dans cet état d'esprit de bien-être et de joie intérieure, la vie vous le rendra par le même biais ou par un autre. Ce n'est pas l'endroit d'où les choses viennent qui importe, mais ce que vous donnez et ce que vous vibrez.

CLÉS DE LA RELIANCE

échanger, énergie, épanouissement

6

Acceptation de soi

***Je suis en reliance quand** j'accepte que je suis la source de tout ce qui se présente à moi.*

S'accepter, c'est se prendre tel que nous sommes, dans tout ce que nous avons de bon et de moins bon. Bien sûr, cela nous renvoie à l'image que nous avons de nous et si elle ne correspond pas à ce que nous souhaitons, cela devient vite une source de souffrance intérieure : notre estime et notre confiance en nous en pâtiront. Faites évoluer la perception que vous avez de vous-même en observant votre réalité et votre entourage, vous découvrirez que vous êtes bien plus grand que les quelques pensées qui vous tracassent.

Mais l'acceptation, ce n'est pas de la résignation, c'est plutôt reconnaître avec bienveillance que ce qui est à l'extérieur part de soi et retourne à soi par le biais de la projection de l'expérience. En le faisant, avec honnêteté et une touche d'humour, cette part de soi extériorisée revient à l'intérieur, elle est finalement acceptée et intégrée, sa mission est accomplie. En vous prenant tel que vous êtes maintenant, en acceptant que vous êtes déjà parfait, les portes de votre « soi » s'ouvrent et tout devient plus simple parce que vous ne cherchez plus à paraître : vous êtes dans l'ÊTRE.

CLÉS DE LA RELIANCE

sérénité, responsabilité, renaissance

7

Ouverture d'esprit

Je suis en reliance quand je m'ouvre à tout ce qui est.

Être ouvert d'esprit, c'est être ouvert à tout ce que nous ne connaissons pas ; c'est être ouvert à des idées, opinions, visions, interprétations différentes des nôtres ; c'est comprendre que le mystère de la vie dépasse largement notre capacité à le percer et que les choses qui nous arrivent ont un sens, même si nous ne le comprenons pas toujours. En apprenant à regarder les événements de votre vie autrement, vous comprendrez qu'ils sont là pour que vous puissiez aller à la rencontre de vous-même et ainsi apprendre à vous connaître.

En partant de ce principe, votre vie s'en retrouve changée, transformée, car vous cessez de vous enfermer dans des formes de pensées rigides et cristallisées. Vous ouvrez votre monde intérieur aux autres et au monde en général, vous restez perméable à l'échange de la vie qui vous enrichit et dialogue avec vous à chaque instant. Vous voyagez ainsi plus léger sur votre chemin.

CLÉS DE LA RELIANCE

bénédiction, transformation, révélation

8

Abondance

Je suis en reliance quand *je me sens profondément en gratitude avec ce que la vie m'apporte.*

La vie est une énergie qui circule en perpétuel mouvement. Quand ce que nous cultivons en nous (pensées, actions, attitudes, comportements) nous tire vers le bas, ce sera aussi cette fréquence ou signature vibratoire que nous émettrons à la vie et à l'Univers. De ce fait, et comme nous recevons ce que nous émettons, nous recevrons en abondance plus de ce que nous ne voulons pas ou plus.

En élevant le registre de nos pensées, en ayant des comportements et attitudes plus respectueux de ce que nous sommes, en mettant en place de meilleures actions qui nous seront plus bénéfiques, nous faisons par conséquent évoluer notre énergie et notre signature vibratoire. Devenant plus alignés avec notre for intérieur, comme la vie s'aligne avec notre intériorité, nous recevons en abondance ce qui nous fait nous sentir bien et en harmonie. Choisissez soigneusement tout ce qui nourrit votre lien à vous-même et soyez dans la gratitude pour tout ce que vous recevez, la vie vous le rendra.

CLÉS DE LA RELIANCE

gratitude, illusions dépassées, croire

9

Méditation

Je suis en reliance quand je trouve mon équilibre intérieur.

Dans notre vie quotidienne, nous sommes souvent envahis par d'innombrables pensées en tout genre, certaines sont positives et bonnes pour nous, d'autres le sont moins. Et certaines de ces pensées nous connectent à des émotions, certaines sont agréables, d'autres le sont moins et nous mettront dans un certain inconfort. Mais il y a aussi toutes les sollicitations qui nous parviennent de l'extérieur, des informations qui nous arrivent de partout et pour lesquelles nous pouvons avoir du mal à faire la part des choses par un « trop plein » de tout. Dans ce brouhaha, nous n'avons plus le temps de prendre un moment pour nous, pour apaiser nos pensées, nos émotions et nous recentrer, pour mieux vivre chaque jour.

En cela, la pratique de la méditation est précieuse : en nous offrant ce moment de présence à nous-même, il est possible de trouver un équilibre cœur-conscience-pensées-émotions. Méditer, c'est se retrouver, c'est s'observer et entrer en contact avec soi, ce qui nous aide à mieux équilibrer notre rapport à nous-même, mais aussi notre rapport au monde extérieur. Cultivez cette pratique au quotidien pour être dans plus de bien-être et de justesse.

CLÉS DE LA RELIANCE

contemplation, guérison, équilibre

10

Générosité

Je suis en reliance quand mon cœur s'ouvre aux autres.

La générosité est un élan d'amour, un mouvement de cœur à cœur, un don de soi aux autres et au monde. Parfois, les circonstances de la vie, les blessures émotionnelles, les peurs et les doutes que nous pouvons avoir bloquent cette énergie. Quand cela arrive, nous pouvons donner l'impression d'être fermés, taciturnes, gris, alors que c'est l'énergie du cœur qui est bloquée, nous empêchant de nous ouvrir aux autres.

Apprenez à aimer pour aimer, et laissez-vous aimer à votre tour, ne fuyez pas l'amour, soyez ouvert à l'autre, aux autres et aux différents visages que peut prendre l'amour. Laissez-vous aller à la générosité du cœur et ouvrez-vous à cette source d'amour infinie qui vous fera rayonner et avoir des étincelles dans les yeux. Ouvrez votre cœur, sans peurs, et laissez la magie entrer dans votre vie.

CLÉS DE LA RELIANCE

altruisme, lien, bonheur

11

S'émerveiller

Je suis en reliance quand je me reconnecte aux choses simples et belles de la vie.

Quand nous étions enfants, tout était émerveillement : le papillon qui se posait sur notre nez, le cadeau reçu, le chant des oiseaux, le bonbon que nous appréciions, etc. Nous riions de tout et de rien, l'insouciance était de mise. En grandissant, les règles et le mode de fonctionnement de notre société finissent par nous éloigner de cette candeur, de cette innocence et de cette joie de vivre. Avec le temps, nous finissons par nous couper de cette part de nous, qui est pourtant essentielle : c'est par l'émerveillement que notre vie gagne en légèreté et en simplicité.

Apprenez à vous ouvrir à ce qui vient ou à ce qui vous arrive en y mettant moins de jugement et d'a priori. Valorisez les choses les plus simples de votre vie, elles vous apporteront beaucoup de joie et de plaisir si vous ouvrez votre esprit et votre cœur. Reconnectez-vous aux sensations de votre enfance, à votre enfant intérieur qui vous a procuré tant de merveilleux moments. Cultivez l'émerveillement dans votre vie et vivez une vie plus douce et légère !

CLÉS DE LA RELIANCE

découverte, légèreté, trésor

12

Action

Je suis en reliance quand je prends ma vie en main.

Dans la vie, tout changement commence par une première action, comme celle de semer une graine. Notre sentiment est parfois celui de ne pas avancer suffisamment vite ou de ne pas avancer du tout. Toutefois, comme la graine qui a besoin de temps pour germer, qui doit être arrosée régulièrement pour voir une pousse, puis une plante et après une belle fleur, nous aussi nous avons besoin de temps, d'attention (envers nous-même) et de beaucoup de bienveillance pour suivre la direction du cœur et de la lumière.

Mais si nous faisons un pas après l'autre, si nous nous détachons des injonctions de la société et du regard de l'autre, nous avancerons plus sereinement dans notre cheminement personnel. Parce qu'il n'y a pas un temps ou un moment idéal où les choses doivent se passer, apprenez à aller à votre rythme et à accepter qu'il peut être différent de celui des autres et que cela est sans importance. Décidez de vous ouvrir à vous-même, à vos envies, et entamez cette découverte pas à pas, avec amour, en posant des actions simples et concrètes. Tout est là.

CLÉS DE LA RELIANCE

concrétiser, ingéniosité, prospérité

13

Écoute

Je suis en reliance quand *j'écoute l'autre avec mon cœur.*

Tisser les liens avec notre entourage est un des plus beaux défis de notre Humanité. Cependant, parfois accrochés à nos certitudes et à notre point de vue, notre difficulté est d'entrer réellement en contact avec l'autre, de le comprendre et d'être capables d'accepter qu'il puisse avoir un regard différent sur les choses. Tenter d'imposer, contraindre l'autre à aller dans un certain sens, c'est distendre les rapports et entrer dans des relations conflictuelles.

Il n'y a pas de vérité absolue, chacun a la sienne en fonction de ce qu'il a compris du monde, de son vécu, de ses expériences et de son regard sur la vie. Apprenez à vous ouvrir à cette vision de l'autre en l'écoutant avec le cœur : c'est seulement de cette manière que vous tisserez un lien profond et unique avec cette autre âme. Soyez présent à l'autre, écoutez-le et peut-être que vous en apprendrez plus sur vous-même, car l'autre est un messager.

CLÉS DE LA RELIANCE

comprendre, empathie, cocréation

14

Confiance

Je suis en reliance quand *je m'habite pleinement et que je suis au centre de mon univers.*

La confiance est une histoire de construction intérieure, comme un temple que nous devons bâtir pierre après pierre, et qui devra par la suite être poli, nettoyé, entretenu. La confiance n'est pas un acquis, elle s'acquiert au fil des expériences et de l'ouverture d'esprit et de cœur que nous avons envers nous-même.

Toutefois, ce rapport intime avec nous-même qu'est la confiance peut être perturbé si nous donnons trop d'importance aux informations qui proviennent de l'extérieur (le regard de l'autre, surtout si celui-ci est négatif, dévalorisant et/ou dépréciatif). Dans ce cas, notre confiance peut être ébranlée, mise à mal, ce qui affectera également notre rapport aux autres et au monde. En manquant de confiance en nous, notre fréquence ou signature vibratoire est plus basse, et les circonstances que nous rencontrerons iront en ce sens.

En nous connectant à notre univers intérieur par le biais du cœur, il est possible de faire évoluer la perception que nous avons de nous-même et, par conséquent, de gagner en confiance. Soyez le premier à croire en vous, à vous valoriser, à vous aimer et à vous accepter tel que vous êtes, avec amour et bienveillance : voilà les clés pour bâtir une solide confiance en soi qui viendra de l'intérieur. Cultivez-les pour être vrai, authentique et vous habiter pleinement.

CLÉS DE LA RELIANCE

dépasser l'autocritique, résilience, nouveau départ

15

S'autoriser

***Je suis en reliance quand** je suis le fil de mes envies.*

Pour vivre une vie pleine de sens et telle que nous la souhaitons, cela vient en général avec le dépassement de soi ou lorsqu'on sort de sa zone de connaissance (ou confort) : c'est bien à cet endroit que se situe ce « nous idéal », cette « vie idéale » et pour y arriver, il est nécessaire d'ouvrir son champ des possibles. Mais aussi de se connecter avec foi, espoir et confiance à notre potentiel pour nous autoriser à aller vers cette nouvelle destination en nous. C'est la part du chemin qui implique de transcender ses peurs, d'ouvrir son cœur et son esprit à l'inconnu pour évoluer, pour gravir une marche de plus dans notre cheminement.

Donnez-vous le droit d'être, d'avoir vos envies et désirs, de pleurer, de rire, de ressentir et de vivre tout simplement. Appropriez-vous votre pouvoir personnel et, comme un papillon qui sort de son cocon et est prêt à prendre son envol, allez au-delà de ce qui vous semblait impossible. Votre vie gagnera un nouveau souffle et cette expérience vous transformera !

CLÉS DE LA RELIANCE

transcender ses peurs, pouvoir personnel, ascension

16

Audace

Je suis en reliance quand je vole de mes propres ailes.

Quand nous désirons quelque chose profondément, nous nous sentons souvent confrontés à nos propres limites pour l'obtenir. Et ces limites sont ni plus ni moins la vision restreinte que nous avons de nous et de nos capacités ou potentiels. Lorsque nous avons un rêve, un désir ou une envie qui fait sens pour nous, c'est que nous pouvons le concrétiser ou le matérialiser, sinon nous ne l'aurions pas. Libérez-vous de la croyance que vous n'y arriverez pas, que vous n'êtes pas légitime ou de toute autre croyance ou pensée qui vous bloque dans votre élan.

Le défi est de trouver en nous la (ou les) ressource(s) pour aller à sa rencontre. Ce qui nous demandera d'ouvrir notre champ de conscience, pour aller puiser au plus profond de nous ces précieuses ressources qui nous permettront de repousser les limites illusoires que nous nous étions fixées. Par moments, vous aurez peut-être l'impression de marcher sur un fil, mais c'est ainsi que vous accéderez à votre plein potentiel.

Cultivez la hardiesse et le courage d'être vous-même pour aller de l'avant. Osez être vous. Ayez l'audace de découvrir de nouvelles parts de vous, donnez-leur une place, osez vivre l'aventure et vous sentir vivant.

CLÉS DE LA RELIANCE

opportunité, nouveau cap, liberté

17

Douceur

Je suis en reliance quand je me respecte
dans mes besoins profonds
et que je prends bien soin de moi.

Souvent, nous sommes trop durs avec nous-même : nous ne nous autorisons pas des choses qui nous font plaisir, nous ne prenons pas suffisamment soin de nous (ni de notre corps ni de notre esprit ou encore de notre cœur), nous n'osons pas aller vers les autres ni même leur ouvrir notre porte (par toutes sortes de peurs comme le rejet, l'abandon, etc.), nous nous enfermons en nous-même... Et nous nous asséchons tellement nous ne nous octroyons pas le droit d'être doux avec nous-même. En continuant sur cette voie, vous invitez dans votre vie votre côté rigide, aigri et taciturne.

Faites preuve d'indulgence envers vous-même, soyez plus tolérant, plus tendre. Cela renforcera votre ouverture d'esprit et vous rendra plus libre. Cherchez à vous faire plaisir, quelle que soit la manière, dorlotez-vous, donnez-vous l'amour que vous souhaitez recevoir et soyez dans la réceptivité de ce que l'Univers vous offrira. Avec douceur, amour et bienveillance, retrouvez une souplesse d'esprit et la légèreté de vivre.

CLÉS DE LA RELIANCE

respect, sincérité, tendresse

18

Se relier aux autres

***Je suis en reliance quand** j'accepte l'autre tel qu'il est avec authenticité et respect.*

Tisser des liens de qualité avec les autres est l'une de nos plus belles missions dans la vie pour aller à la rencontre de nous-même. Toutefois, cet exercice requiert en premier lieu d'être présent à soi pour être pleinement présent aux autres.

Cette présence à soi est un chemin de reconnexion profonde avec notre corps, notre cœur et notre âme, c'est ce qui nous permet d'accéder à un rayonnement profond : notre soleil, notre propre lumière intérieure. En entrant en contact avec cet état d'intériorité, nous devenons plus ouverts aux autres et à la vie. Il nous est ainsi possible de tisser des liens avec plus de cœur et de conscience. Soyez dans cette ouverture, il en résultera des relations plus saines, plus authentiques, plus solides et plus libres.

CLÉS DE LA RELIANCE

union, honnêteté, bienveillance

19

Mouvement

Je suis en reliance quand je me mets au diapason de la vie.

La vie est un mouvement intérieur d'énergies qui circulent. Si nous ne vivons pas nos émotions (du latin *movere* qui veut dire « mouvement »), si nous ne leur donnons pas la place de s'exprimer, le mouvement d'énergie stagne : c'est ce qui est à l'origine des blocages qui se manifestent. Plus le mouvement stagne, plus les situations se cristallisent et plus nous entrons dans une forme d'enfermement qui se reflétera dans tous les domaines de notre vie.

Il est essentiel de remettre ce flux d'énergie en mouvement : appropriez-vous votre vie, prenez votre place en vous, autorisez-vous, osez, soyez courageux, audacieux, allez de l'avant ; et surtout, écoutez-vous, prenez soin de vous, exprimez ce que vous avez sur le cœur, que ce soit par vos mots, vos gestes, vos actes, votre attitude. Transcendez ce qui vous bloque et vous vous transformerez tel un sublime papillon en mouvement !

Vivez pleinement la vie ! Ressentez la vie pulser en vous et le mouvement sera fluide.

CLÉS DE LA RELIANCE

obstacles écartés, fluidité, harmonie

20

Paix intérieure

Je suis en reliance quand je me sens apaisé et serein.

Instaurer la paix en soi-même, c'est la clé qui permet d'accéder à un formidable équilibre. Pour cela, il est essentiel d'apprendre à se pardonner, d'accueillir l'être que vous êtes, de vous accepter dans votre imperfection, telle est la perfection. En adoptant cet état d'esprit plus souple, un sentiment de paix intérieure vous habitera et vous renforcerez votre confiance.

Être à l'écoute de soi et de ses ressentis, c'est le point de départ d'une vie plus équilibrée vis-à-vis du monde extérieur. En prêtant attention à cette intériorité, il est possible d'amorcer un changement vers une vie plus épanouissante. Reconnaître que nous sommes le dénominateur commun de toute notre expérience est la meilleure manière de la faire changer et évoluer. Le bonheur est totalement indépendant du monde extérieur, il croît là où nous sommes en harmonie avec le monde.

Allez à la rencontre de cet endroit en vous qui vous parle, qui vous murmure ce que vous savez déjà dans votre cœur. Soyez dans l'apaisement et la paix intérieure et retrouvez un parfait équilibre dans vos choix, vos mots et vos actions.

CLÉS DE LA RELIANCE

calme, confiance, espoir

21

Dépasser ses limites

Je suis en reliance quand j'ose aller à la rencontre de moi-même.

C'est par le dépassement de soi que notre cheminement personnel prend tout son sens. Mais cela implique évidemment de sortir de sa zone de connaissance, de sa zone de confort pour aller vers une part de soi inconnue ou pour laquelle nous n'avons pas de maîtrise sur la suite. Quelque part, cet inconfort réveille des peurs enfouies en nous qu'il nous faut apprendre à accueillir et à ne plus fuir, car elles nous révèlent de précieuses informations sur nous-même.

En nous montrant la limite en nous, notre peur nous aide finalement à prendre conscience de l'endroit exact où nous devons poser notre attention pour changer notre perception de nous et ainsi élargir la vision restreinte de nous-même. Traverser une peur, dépasser une limite passe par l'accueillir, l'accepter, comprendre qu'en réalité cette barrière ou paroi de verre n'est qu'une illusion, une construction de nos pensées et que de l'autre côté se trouve la liberté : celle où nous ne sommes plus conditionnés par les peurs illusoires.

En partant de ce principe, la peur qui montre la limite n'est ni plus ni moins celle qui montre le chemin de ce qui a besoin d'être traversé, pour transmuter en vous ce qui va élargir votre champ de conscience. Par conséquent, votre expérience évolue et change. Soyez dans l'ouverture de vous-même, prenez cette voie, osez dépasser vos limites pour découvrir cette part de vous qui est juste de l'autre côté. Franchissez ce pas et laissez-vous surprendre !

CLÉS DE LA RELIANCE

traverser, émotions refoulées, renaissance

22

L'amour de soi

Je suis en reliance quand *j'accueille avec bienveillance les parts de moi que je découvre et que je m'accepte tel que je suis.*

C'est peut-être l'exercice le plus difficile à faire pour les êtres humains que nous sommes, mais c'est aussi notre plus beau défi et le meilleur accomplissement de notre vie : celui d'apprendre à nous aimer. Ce qui nous en éloigne, ce sont les nombreuses injonctions et les conditionnements quant à ce que nous devons être et comment pour être acceptés dans la société, pour être acceptés par les autres. Toutefois, en étant à l'écoute de ces diktats, cela finit par nous couper de notre nature profonde, que nous finissons par considérer comme étant « mauvaise », « insuffisante », « pas adaptée ou pas à la hauteur » etc. Et tout cela nous renvoie au manque, à la dépréciation, à la dévalorisation.

Être en amour avec soi, c'est être profondément connecté avec qui et ce que nous sommes, avec ce que nous connaissons de nous et ce que nous ne connaissons pas encore de nous ; c'est adopter une posture envers soi plus bienveillante, plus tolérante, plus douce ; c'est se détacher des injonctions et des règles extérieures pour être en phase avec les vôtres. Accepter votre être physique, psychique et émotionnel, dans tout ce qu'il est, tel qu'il est en ce moment même, c'est le chemin de l'amour de soi.

Si aimer l'autre est la merveilleuse expérience de découverte de soi à travers cette rencontre, imaginez la puissance de l'amour de soi : c'est la rencontre avec la grandeur de votre âme, c'est être parfaitement en reliance. Aligné et pleinement synchronisé avec vous-même, vous vivrez une vie plus heureuse, vivante, pleine de sens et harmonieuse. Comme la fleur que vous êtes dans le grand jardin de l'Humanité, arrosez-vous tous les jours avec de l'amour.

CLÉS DE LA RELIANCE

engagement, authenticité, vérité

23

Ressentir

Je suis en reliance quand je ressens pleinement le mouvement de la vie en moi.

Ressentir, c'est laisser vivre le mouvement de la vie en nous. Les expériences que nous vivons nous font ressentir une multitude d'émotions en nous, et ces émotions sont comme une énergie qui circule. Comme les ondes de l'eau, que cette énergie soit stagnante ou pas, elle émet une vibration qui sera notre « signature vibratoire », comme une fréquence personnelle. En fonction de ce que l'on ressent, nous vivons des expériences qui seront en accord avec cette vibration. Pour cette raison, il est important de ne pas nier ou refouler ses émotions, car en le faisant, le mouvement stagne et nous nous retrouvons face à nos blocages puisque l'énergie ne circule plus de manière fluide.

Vivez vos émotions, ne cherchez pas à les éviter, même les plus douloureuses sont des perles de sagesse pour votre évolution. Vivre ses émotions est ce qui rend vivant. Elles sont des guides précieux pour comprendre là où vous en êtes, ce que vous avez besoin de dépasser en vous, mais aussi si vous êtes à l'endroit que vous indique votre cœur. Ressentir est une vraie boussole intérieure pour trouver l'équilibre, qui vous guide tous les jours sur votre chemin de conscience.

CLÉS DE LA RELIANCE

douleur, équilibre, clarté

24

Force

Je suis en reliance quand je me laisse voir tel que je suis.

Au contraire de ce que nous pouvons penser, notre force ne réside pas dans notre puissance physique. Elle se trouve bien plus profondément en nous, elle se situe à l'endroit le plus inattendu de notre être : dans notre cœur, dans notre vulnérabilité, cette précieuse part de nous que nous tentons le plus souvent de cacher du monde dans notre coffre-fort, car nous croyons à tort qu'elle sera source de rejet ou que nous pouvons souffrir si nous l'exposons aux autres.

La vulnérabilité est un socle interne sur lequel plusieurs couches de notre personnalité et de ce que nous sommes sont posées. Étant ce qu'il est, ce socle constitue une fondation solide, il n'y a rien d'autre en dessous, c'est l'endroit le plus profond. En vous connectant à cette part de vous, vous vous synchronisez avec votre force intérieure. Si vous laissez les autres et le monde le découvrir, c'est avec votre authenticité qu'ils entreront finalement en contact, avec ce qu'il y a de plus beau, intime et touchant en vous. La vulnérabilité n'est pas une faiblesse, bien au contraire, elle est la force du cœur qui permet de tisser des liens avec le monde qui nous entoure de manière saine et authentique.

CLÉS DE LA RELIANCE

vulnérabilité, protection, intégrité

25

Beauté

Je suis en reliance quand je vois le monde avec les yeux du cœur.

La vie a les couleurs du regard que nous lui portons. Lorsque nous nous sentons bien avec nous-même, tout nous semble plus beau, plus harmonieux. Mais dès lors qu'un malaise ou qu'une gêne s'installe en nous, que quelque chose nous dérange, la vie devient un dégradé de gris et de noir, elle perd de son éclat et nous le ressentons bien dans tout notre être : manque de vitalité et d'entrain, manque de joie et d'enthousiasme, manque de motivation et de sens, etc.

En nous connectant profondément à notre intériorité, en nous connectant aux plaisirs simples de la vie, en choisissant la perception que l'on veut avoir des choses qui nous arrivent, c'est ce qui nous aide à retrouver un autre éclat et un nouvel élan de vie. La beauté peut s'inviter tous les jours de différentes manières : le chant d'un oiseau, un sourire, une parole douce, le parfum d'une fleur... Cette manière de voir le monde dans sa pure simplicité lui rend sa beauté et favorise l'harmonie et la paix intérieure. Cultivez-la dans votre quotidien et faites ainsi évoluer votre état d'esprit.

CLÉS DE LA RELIANCE

simplicité, apprécier, inspiration

26

Sagesse

Je suis en reliance quand *je me reconnais dans le chemin parcouru et que je me sers de mes acquis pour éclairer mes pas.*

La sagesse est cette qualité que l'on acquiert avec le temps, l'expérience, la maturité intérieure, la lucidité d'être et d'esprit. Si toutes les expériences de la vie qui se présentent sont là pour nous aider à aller à la rencontre de nous-même, c'est avec le temps que nous pouvons en comprendre les enseignements pour notre cheminement personnel.

Ce dont nous prenons conscience et que nous ressentons comme vrai à l'intérieur de nous sont comme les fruits de l'arbre de la vie : ce sont les connaissances qui résultent de nos choix et apprentissages. Nous pouvons et devons les utiliser comme points de repère pour la suite dès lors que nous avons compris la nécessité et l'utilité de ces expériences pour notre évolution.

C'est en prenant cette hauteur de vue que nous pouvons ajuster nos pensées et nos choix avec discernement pour que l'expérience présente, même si cela est parfois difficile, puisse être justement une nouvelle source d'apprentissage et d'ouverture d'esprit. Observez le chemin parcouru et contemplez votre vie actuelle, prenez conscience du long chemin de connaissance de soi que vous avez sillonné et soyez-en fier, parce que le meilleur est encore à venir !

CLÉS DE LA RELIANCE

discernement, choisir, lumière

27

Miroir

Je suis en reliance quand je me découvre
et rencontre à travers ce que je vis
et ce qui m'entoure.

La vie est le miroir de ce que nous sommes : tout ce qui nous arrive a un sens et est le parfait miroir de notre intériorité. Si vous n'êtes pas satisfait de votre vie, si vous n'êtes pas satisfait avec vous-même, commencez par observer tout ce qui vous entoure et ce qui vous arrive. Tentez de comprendre ce qui vous dérange. En faisant ces constats et en trouvant vos réponses, vous serez à même de voir et de comprendre la perception que vous avez de vous-même. C'est celle-ci que vous devez faire évoluer pour que votre expérience change et évolue.

Souvenez-nous, nous rencontrons à l'extérieur ce qui résonne en nous, à l'intérieur. Soyez honnête avec vous-même, franchissez la peur d'aller à la rencontre de la perception négative que vous avez de vous-même : c'est à cet endroit que vous pouvez faire basculer votre manque d'estime et de confiance en vous, vers une perception bien plus juste et vraie de vous. Pensez aussi que notre corps est le miroir de notre âme, et qu'il dévoile et révèle bien des choses sur nous, si nous savons faire le rapprochement entre nous et ce que nous y voyons.

Allez au-delà de vos peurs illusoires et découvrez la belle âme que vous êtes. Cessez d'être votre bourreau, mettez-vous au diapason de votre nature profonde et votre vie retrouvera un élan de joie et de légèreté !

CLÉS DE LA RELIANCE

reflet, vérité, compassion

28

Chemin

***Je suis en reliance quand** je reconnais que je suis où je dois être pour vivre ce dont j'ai besoin pour mon évolution.*

Nous avons une tendance naturelle à penser que nous ne sommes pas sur le bon chemin ou la bonne voie parce que nous nous comparons aux autres. Nous pensons qu'ils se trouvent à un endroit meilleur que celui où nous sommes et cela fait désordre, nous renvoie à des frustrations, parfois même à être démotivés en nous disant que nous n'y arriverons jamais.

Pour vivre plus aligné et en reliance avec votre chemin de vie, cessez d'être dans des comparaisons avec le chemin des autres, cessez de vous donner des objectifs inatteignables et de passer votre temps à les regarder et à les chercher inlassablement.

Faites évoluer votre état d'esprit : décidez que là où vous êtes, c'est le chemin, décidez de regarder ce qui est là pour vous (au lieu de ce que vous n'avez pas encore), décidez qu'ici et maintenant vous avez tout ce dont vous avez besoin. En partant de cette vision, vous cessez de vous mettre la pression, vous cessez d'être en conflit avec vous-même parce que vous acceptez ce qui EST. Vivez le moment présent avec cet état d'esprit, c'est à partir de là que tout commence et que le chemin s'éclaircit.

CLÉS DE LA RELIANCE

voyage, juste place, motivation

29

Foi

Je suis en reliance quand je garde une foi inébranlable en la vie.

La foi, c'est cette puissante force intérieure en la vie, en une issue favorable malgré les écueils que nous pouvons parfois trouver sur notre chemin. Gardez et cultivez précieusement ce sentiment en vous, surtout dans les moments les plus difficiles, car c'est en vous connectant à votre foi que vous réussirez à rester dans votre centre.

Intimement liée à l'intuition qui vous guide, la foi est cette flamme intérieure, qui se maintient allumée peu importe ce qui arrive. Ayez confiance en la vie, laissez-vous guider, et croyez au plus profond de vous que tout est pour le meilleur. Ne soyez pas déçu par les circonstances, ce qui est bon pour vous viendra à vous. Gardez le cap, maintenez votre foi et votre vie passera à un autre niveau.

CLÉS DE LA RELIANCE

éclairer, force intérieure, certitude

30

Pardon

Je suis en reliance quand *je suis doux avec moi-même et que je me pardonne.*

Une des clés pour être dans l'acceptation de soi, c'est le pardon, sans qui l'amour de soi serait une tâche ardue. Souvent, nous nous mettons la barre très haut pour nos souhaits, nos envies, nos rêves, nos objectifs, trop haut même car ils finissent par être complètement en décalage avec la personne que nous sommes et les moyens que nous avons. Cela finit par être à l'origine de nombreux sentiments comme l'échec, la dépréciation, la dévalorisation, le manque de confiance en nous et nos capacités, ce que nous vivons mal et qui nous rend la vie dure.

Pour revenir à une perception de soi plus juste et lucide, il convient de réajuster ce que nous souhaitons pour nous à ce que nous sommes. Ainsi, il nous est plus facile d'y arriver, comme nous serons habités par de belles émotions comme la satisfaction, la joie, l'harmonie. Pour cela, il est nécessaire de se pardonner pleinement pour s'accepter pleinement. Se pardonner de ne pas avoir réussi telle ou telle chose, de ne pas avoir accompli ce que vous vouliez faire, mais qui ne vous était pas possible car vous étiez dans vos peurs.

Le pardon est ainsi source de guérison. En apprenant à vous pardonner, vous vous ouvrez à une relation de meilleure qualité avec vous-même, plus douce, bienveillante et dans l'amour. Mais aussi avec plus d'humour, car vous cesserez de vous prendre au sérieux et de tout prendre au sérieux. Cela rejaillira sur votre vie et sur vos relations qui elles aussi évolueront positivement, dans l'apaisement.

CLÉS DE LA RELIANCE

amour de soi, reconnaissance, guérison

31

Présent

Je suis en reliance quand je vis chaque jour pleinement présent à moi et au monde.

Chaque jour est un cadeau que la vie nous offre. Laissez le passé, ce qui a été ne peut pas être changé, alors ne vous acharnez pas sur ce que vous avez fait ou pas, ce que vous avez dit ou pas, ou sur ce que les autres vous ont fait ou dit. Tout cela fera partie de votre histoire, mais vous avez le pouvoir de vous en libérer : celui de focaliser votre pensée sur le moment présent, car la vie c'est aujourd'hui. Même chose pour le futur, si vous passez votre temps à y consacrer vos pensées, cela est vain et vous met dans une posture d'attente de ce qui peut-être n'arrivera jamais. Au lieu de cela, posez une intention et allez de l'avant, cela vous mettra dans de meilleures dispositions pour concrétiser vos souhaits.

Parfois, le cadeau de la vie est juste à côté de vous. Mais si vous posez votre attention sur ce qui était ou sur ce qui n'est pas encore, vous risquez de passer à côté de ce qui est déjà là et ne demande aucun effort.

Vivez chaque jour en conscience, avec plus de présence à vous-même : expérimentez comme cela vous connecte à une vie plus harmonieuse.

CLÉS DE LA RELIANCE

présence, centré, connexion

32

Création

Je suis en reliance quand je choisis avec soin mes pensées qui créent ma réalité.

Nous créons notre vie en partie par nos pensées. Tout ce que nous avons, nous l'avons d'abord réfléchi pour ensuite trouver la meilleure manière de l'obtenir. Pour ce qui est de nos expériences et des circonstances qui nous arrivent, elles aussi seront le reflet de ce que nous avons pensé à un moment donné, même si nous ne nous en souvenons plus. Nos pensées, même les plus anciennes, sont associées à des émotions. Le tout nous met dans un certain état d'âme. En fonction de comment vous vous sentez, l'énergie qui émane est différente et vous entrerez en contact avec des expériences et des personnes qui résonneront avec votre état du moment.

Penser, c'est créer. C'est pour cela que si vous souhaitez changer ou faire évoluer votre expérience du moment, il est essentiel que vous preniez soin de vos pensées : votre pouvoir de création et votre réalité en dépendent.

Prêtez attention à vos pensées et choisissez de créer une vie à la hauteur de qui vous êtes.

CLÉS DE LA RELIANCE

pensée juste, cohérence, intégrité

33

Cœur

Je suis en reliance quand j'écoute mon cœur à chaque instant et le laisse me guider dans mes choix.

Le cœur sait ce qui est bon pour nous, il est intimement lié à la particule de divin en nous, à la source de la connaissance infinie. Le cœur capte une multitude d'informations qui arrivent en décalage au cerveau, des informations qui se situent en dehors de notre champ de conscience, mais qui lui sont tout à fait accessibles et perceptibles. Il est une sorte de passerelle qui nous relie à l'invisible, c'est pour cette raison qu'il est lié à notre intuition, un guide intérieur.

Notre cœur a son propre rayonnement magnétique. Quand nous sommes parfaitement en reliance avec lui, c'est-à-dire, quand nous sommes pleinement connectés à son énergie, quand nous sommes à son écoute et que nous lui donnons sa juste place dans notre vie, nous rayonnons de l'intérieur et cela se voit même physiquement ! Nous devenons plus joyeux et plus lumineux ! En étant connectés à notre cœur, nous cessons de donner trop de place et d'importance à nos peurs, nous cessons de les écouter et nous nous en retrouvons allégés. Et c'est le cœur léger que nous avançons en confiance et à bras ouverts dans la vie.

Le cœur connaît le dessein de l'âme : apprivoisez-le, écoutez-le et donnez-lui sa place. La vie vous sourira !

CLÉS DE LA RELIANCE

ascension, harmonie, amour

34

Étoile

Je suis en reliance quand je suis le dessein de mon âme.

Faire confiance à l'invisible, dans quelque chose qui nous dépasse, dans un univers qui fonctionne à merveille et où rien n'est hasard, apporte cette part de mystère qui rend la vie fascinante. Nous cherchons souvent à l'extérieur les réponses à notre existence, si nous sommes sur la bonne voie, si nous faisons le bon choix, etc. Quelque part en nous, et parce que nous sommes reliés au TOUT, nous savons que tout ce que nous faisons nous conduit sur un certain chemin, que nous choisissons chaque jour certes, mais dans un dessein qui semble être guidé et inspiré par notre âme.

Notre vie a un sens et une orientation qui souvent nous échappent, mais c'est aussi cela qui lui donne son charme et qui nous fait vivre pleinement cette aventure de la rencontre avec soi-même et avec le monde. Si nous connaissions d'avance la destination, cela enlèverait la part de magie à notre existence. Laissez-vous porter par votre étoile, elle vous guide et illumine votre chemin tous les jours.

CLÉS DE LA RELIANCE

rêves, destinée, orientation

35

Fluidité

Je suis en reliance quand ma vie coule de source.

La fluidité dans la vie est le flux d'énergie en mouvement, cette synergie monde intérieur/monde extérieur qui s'exprime dans vos expériences de vie. Plus vous êtes aligné avec vous-même et plus ce flux d'énergie circule librement, sans obstacle, comme le courant d'une rivière. Toutefois, quand vous ne vivez pas pleinement vos émotions et que vous les niez, quand vous rejetez ce qui vous arrive, quand vous vous renfermez tant dans votre cœur que dans votre esprit, en quelque sorte le mouvement d'énergie stagne. Et c'est ainsi que vous vous retrouvez face à vos propres limites et blocages.

Ce mouvement d'énergie reprend pleinement quand vous vous ouvrez à l'apprentissage de vous-même dans l'expérience ; quand vous ouvrez votre cœur et votre esprit à cette rencontre avec une part de vous qui demande à évoluer, parce qu'elle ne vous convient plus. Ce que la vie met en lumière est précisément la part d'ombre qui ne résonne plus avec ce que vous devenez, laissez-la partir et découvrez l'autre côté. Laissez ainsi aller les lourdeurs pour retrouver la joie de vivre et être en reliance.

Plus la voie est fluide et légère, plus elle est juste et parfaite pour vous. Soyez attentif à tout ce qui vous entoure et suivez le courant de la rivière, ou de la vie.

CLÉS DE LA RELIANCE

mouvement, légèreté, solution

36

Masculin

Je suis en reliance quand *je laisse ma puissance protectrice alliée à ma sensibilité s'exprimer.*

Tout être humain a en lui une part d'énergie masculine, appelée yang ou principe masculin. Symbolisé par le soleil, le yang est un principe actif, positif, viril, associé à la conscience de veille ; c'est cette part d'énergie qui nous propulse vers l'avant, car elle est au cœur de la matérialisation et de la manifestation dans notre vie.

L'énergie masculine est structurante et protectrice, c'est à travers elle que nous nous affirmons, que nous posons nos limites, que nous définissons notre territoire, que nous repoussons, nous opposons, que nous mettons des actions en place, en somme, que nous agissons. Mais c'est aussi à travers elle que l'énergie féminine peut s'exprimer librement et dans sa grandeur : en ressentant sa protection, la polarité féminine peut s'étendre et se développer.

Soyez en reliance avec votre énergie masculine, en agissant chaque jour en conscience. Utilisez votre puissance et pouvoir d'action à bon escient.

CLÉS DE LA RELIANCE

action, force douce, protection

37

Féminin

Je suis en reliance quand *je laisse ma sensualité et mon intériorité alliées à ma confiance s'exprimer.*

Notre part d'énergie féminine, appelée yin ou principe féminin, est symbolisée par la lune. Le yin est un principe négatif, réceptif qui est associé à l'inconscient humain. Si c'est notre partie masculine qui garantit que l'action est possible et qui fait en sorte que les choses se concrétisent, c'est notre partie féminine qui donne la direction, la réflexion, qui puise dans notre intériorité les ressources nécessaires.

C'est seulement dans un rapport équilibré et de confiance avec sa polarité masculine que le pôle féminin se développe : nous sommes plus à l'écoute de notre petite voix intérieure, nous ouvrons notre espace intérieur, nous sommes plus connectés à notre intuition, à notre créativité, à notre sensualité, à notre sensibilité et à notre douceur.

Soyez en reliance avec votre énergie féminine, et ouvrez-vous à cette profonde connexion avec votre intériorité, avec votre essence profonde d'être vivant. En assumant votre sensibilité, votre sensualité et votre vulnérabilité, votre rapport à vous-même devient plus sain et plus équilibré.

CLÉS DE LA RELIANCE

réceptivité, intériorité, intuition

38

Expérience

Je suis en reliance quand je comprends que tout ce qui m'arrive me permet de grandir et d'évoluer.

Dans la vie, tout est expérience, tout est richesse, tout est apprentissage. Ainsi, tant que vous êtes prêt à vous remettre en question, à remettre en question vos pensées fixes, figées, tant que vous affronterez à vos risques et périls les expériences que la vie vous propose afin d'élargir votre conscience, vous serez globalement dans un mouvement de fluidité dans votre vie. En acceptant le processus d'apprentissage, vous traversez la vie avec moins de souffrance car vous avez moins de résistances.

Toutefois, si vous opposez trop de résistances à ce qui vous arrive, si vous cherchez à échapper, à écarter ou à nier les problèmes, les expériences ou les émotions, vous serez dans un processus d'apprentissage forcé, par le conflit et la pression intérieure que vous exercez.

Soyez dans un rapport plus souple aux expériences qui se présentent. Apprenez de façon consciente à vous rencontrer au travers de chacune d'elles, acceptez-vous pleinement et transformez votre existence comme le miel des abeilles.

CLÉS DE LA RELIANCE

passage, évolution, transformation

39

Résistances

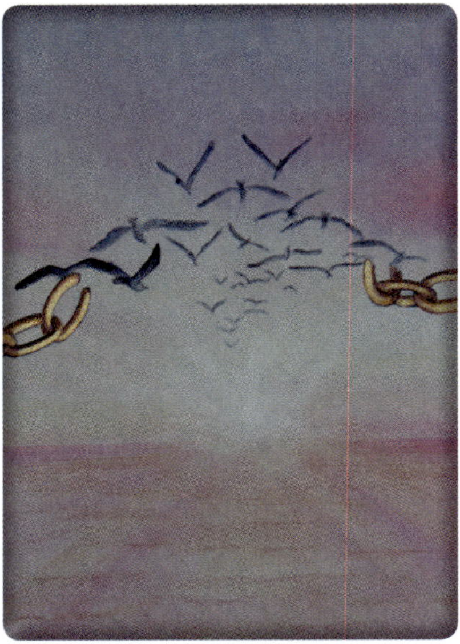

Je suis en reliance quand je cesse de m'opposer et de lutter contre ce qui EST.

Lorsqu'une expérience se présente à nous, elle nous met au défi d'aller au-delà de ce que nous pensons et de ce que nous ressentons par rapport à un sujet afin d'ouvrir notre champ de conscience à l'autre polarité. Cependant, si nous restons accrochés à nos anciens comportements, pensées et croyances au lieu de vivre l'expérience pleinement, nous allons la vivre contraints, dans la souffrance et en conflit intérieur.

La souffrance est un chemin de traverse qui nous conduit à la recherche de ce que nous considérons être le bonheur, nous aidant ainsi à rompre avec un certain immobilisme intérieur. Le conflit, lui, nous aide à révéler notre nature profonde, mais il est nécessaire de l'affronter pour réconcilier les contraires en nous-même. Et ce n'est qu'en vivant les expériences que nous pouvons trouver les solutions, ce qui requiert d'être ouvert d'esprit pour acquérir la connaissance sous-jacente.

Ce à quoi vous résistez persiste, parce que vous restez dans vos pensées figées ou dans vos fixations. Vos résistances vous limitent. Laissez-vous aller à l'expérience, voyez au-delà de ce qu'elle vous propose, ce n'est qu'en lâchant prise que vous pouvez vous libérer et briser les chaînes qui vous enfermaient. Et tout peut recommencer...

CLÉS DE LA RELIANCE

souplesse, lâcher-prise, réconciliation

40

Peur

Je suis en reliance quand *je ne laisse plus mes peurs et mes doutes guider mes choix et mes pensées.*

La peur est une sorte d'emprisonnement psychique qui nous empêche d'évoluer et de vivre pleinement notre vie. Comme elle nous renvoie à ce que nous ne voulons ni voir ni reconnaître en nous, ainsi qu'à nos blessures du passé, nous faisons tout pour éviter de souffrir de cette confrontation avec nos limitations, nos fixations et nos formes de pensées rigides. Cela équivaudrait à remettre en question ce sur quoi nous nous sommes construits. Sauf que cette posture entrave notre épanouissement et ne nous rend pas plus heureux.

La vie étant un dialogue perpétuel de nous à nous, la peur que nous éprouvons ne vise pas à nous anéantir mais bien au contraire à nous faire grandir : elle nous montre l'endroit en nous où nous devons poser notre regard pour le faire changer. Comme une porte vers une zone inconnue de nous-même, la peur est une invitation à aller à la rencontre de cette part de nous que nous ne connaissons pas encore et qui a besoin d'être mise en lumière.

Poussez la porte de la connaissance, traversez la peur et découvrez-vous à travers elle. En rassemblant ce qui est épars, vous êtes en reliance et avancez ainsi dans votre cheminement intérieur. Souvenez-vous que l'amour est la clé de cette porte.

CLÉS DE LA RELIANCE

blessures, dépasser, transmuter

41

Libération

Je suis en reliance quand je cesse de vouloir contrôler et que je suis le mouvement que me propose la vie.

Vivre une vie équilibrée, en reliance et en conscience est intimement lié au rapport que nous avons au monde, aux autres, aux choses et surtout à nous-même. Plus souple, léger et détaché est ce rapport, plus notre monde intérieur sera dans un mouvement de symbiose parfaite avec notre monde extérieur. De cette synergie entre eux résulte une vie harmonieuse.

En revanche, si notre rapport au monde extérieur est fait d'oppositions, de contraintes, d'attachements malsains, de fixations, d'attitudes figées, nous ne sommes plus dans le mouvement de la vie, nous sommes même à contre-courant, ce qui sera source de souffrance et de difficultés. Changer cela passe par être dans une posture de détachement, ce qui ne veut pas dire être indifférent, mais plutôt cesser d'être dans la possessivité et le contrôle. Lâcher prise, c'est se libérer ; tant que vous tiendrez prise, vous serez en plein dans un rapport de force avec la vie.

Soyez comme le pissenlit qui va là où l'emporte le vent. Suivez le mouvement, cesser de vouloir contrôler est le chemin le plus court pour se sentir libéré.

CLÉS DE LA RELIANCE

s'abandonner, accepter, nouveau départ

42

Chance

Je suis en reliance quand *je saisis les opportunités que la vie me présente.*

La chance est le carrefour où l'alignement de soi rencontre l'opportunité. Toutes les expériences qui viennent à nous nous rencontrent au point où nous en sommes. Ainsi, si notre réalité du moment n'est pas celle que nous souhaiterions vivre, il ne tient qu'à nous de prendre notre vie en main pour la changer.

Cela passe d'abord par sonder et écouter son cœur pour comprendre ce qui est bon pour nous, pour comprendre ce qui nous anime et là où nous voulons aller. Ces précieuses informations nous donnent les indications sur ce qu'il est nécessaire de faire évoluer en nous pour y arriver. Et le premier pas est, bien sûr, celui d'ouvrir son champ de conscience, en élevant nos pensées afin de créer en nous les meilleures conditions et dispositions pour aller à la rencontre d'expériences plus en phase avec qui nous sommes et qui nous devenons au fil du temps.

Si la chance est le fruit du mystère de la vie, c'est par notre évolution intérieure que nous pouvons nous mettre au diapason de ce fascinant miracle qui arrive toujours au moment où nous sommes prêts. Allez à la rencontre de vous-même, dans une ouverture de cœur et d'esprit, et la chance vous sourira !

CLÉS DE LA RELIANCE

magie, alignement, intuition

Remerciements

Ces pistes de réflexion et ce regard sur la vie sont le fruit de ma rencontre avec moi-même, qui a été possible d'abord par ma rencontre avec de belles et lumineuses âmes qui ont éclairé mon chemin, et ont semé des graines dans mon esprit. Graines qui ont germé au fil du temps et des expériences. Écrivains, penseurs en tout genre, artistes, famille, amis, vous avez tous laissé votre empreinte en moi, vous avez tous contribué à mon évolution et à mon cheminement personnel à tous les niveaux. Merci pour tout votre amour. Évelyne, toi qui me suis de très près depuis le début, merci pour ton regard avisé et éclairé ! Un grand merci à Sophia, Suzon et toute l'équipe grâce à laquelle ce projet a pu voir le jour. Et, bien sûr, je voulais remercier spécialement Lillia Baudo pour son travail de création et d'illustration des mots à la plume aux mots en pinceaux.

Puisse cet oracle vous inspirer et vous apporter de la lumière sur votre chemin de reliance.

Amitiés,
Maryline Gomes

À propos de l'auteure

Diplômée en psychologie du travail et des organisations, avec une spécialisation en psychologie positive, Maryline Gomes est passionnée par la découverte de soi à travers l'expérience de la vie. Son principal sujet d'étude – comment notre monde intérieur (émotionnel, spirituel, psychique) crée notre réalité, et comment le faire évoluer pour vivre une vie plus heureuse et harmonieuse – est l'inspiration de ces écrits et outils qu'elle crée pour permettre à toutes celles et tous ceux qui le souhaitent de s'ouvrir et de se découvrir pleinement dans leur démarche d'évolution personnelle.

Elle jongle avec de nombreux centres d'intérêt, dont l'écriture, le conseil et l'accompagnement, la radio, les podcasts, pour partager son approche psychologique, philosophique et spirituelle, et sa pensée profonde. Cet oracle est son tout premier.

Pour en savoir plus :
Site : www.marylinegomes.com
@maryline.go

À propos de l'illustratrice

Artiste fresquiste, spécialisée dans la fresque ancienne « affresco », Lillia Baudo utilise le langage artistique et s'exprime à travers les matières minérales et les pigments naturels. Depuis son enfance, son cheminement est très intuitif et silencieux, puis ses intérêts pour la géométrie sacrée, les anciennes civilisations, le feng shui et le symbolisme lui ont ouvert la porte d'un monde spirituel où le cœur, comme une rose, s'ouvre pour laisser passer la lumière.

Pour ce travail d'illustration, elle a traduit l'univers de l'auteure, pour se rapprocher de l'âme de la reliance. Ainsi, les pigments iridescents, pailletés ou dorés, apportent à cet oracle une touche chromatique et une vibration d'une profondeur incomparable.

Notes

Notes

Notes

Notes

Notes

Notes

Notes

pca
cmb
édition pré-presse
livres numériques

44400 Rezé